Mutiara K

MW01672271

Abdurahman bin Nashir as-Sa'di

Mutiara Keindahan Islam

Muqodimah

Segala puji bagi Allah *Shubhanahu wa ta'alla*, kami memuji -Nya, meminta pertolongan dan ampunan -Nya, serta bertaubat kepada -Nya. Kami berlindung kepada Allah *Shubhanahu wa ta'alla* dari segala keburukan jiwa-jiwa kami dan kejelekan amal-amal kami. Barangsiapa yang di beri petunjuk oleh Allah *Shubhanahu wa ta'alla*, maka tidak ada yang bisa menyesatkanya, dan barangsiapa yang di sesatkan oleh -Nya maka tidak akan ada yang bisa memberi petunjuk kepadanya.

Saya bersaksi bahwa tidak illah yang berhak untuk di sembah dengan benar melainkan Allah *Shubhanahu wa ta'alla,,* yang tidak ada sekutu bagi -Nya. Dan saya bersaksi bahwa Nabi Muhammad *Shalallhu 'alaihi was allam* adalah seorang hamba dan Rasul -Nya, shalawat serta salam semoga Allah Ta'ala selalu tercurahkan kepada beliau. *Amma ba'du*:

Sesungguhnya agama Islam yang di bawa oleh Nabi Muhammad *Shalallahu 'alaihi wa sallam* adalah agama yang paling sempurna di antara agama-agama yang lainnya, bahkan merupakan agama yang paling afdhol di antara yang lainya. Agama yang paling tinggi dan mulia kedudukannya. Yang di dalamnya mengandung keindahan, kesempurnaan, kebaikan, kasih sayang, adil, dan bijaksana, di mana tidak ada yang menyaksikan Allah *Subhanahu wa ta'ala* (dengan persaksian) yang sempurna, dan benar yang di bangun di atas keluasan ilmu dan hikmahnya (melainkan agama Islam), begitu pula persaksian terhadap Nabi -Nya bahwa beliau adalah seorang utusan yang benar yang di utus oleh Allah Ta'ala, begitu pula beliau adalah orang yang jujur lagi bisa di percaya, yang tidak terucap dari mulutnya yang bersumber dari hawa nafsunya, namun sebagaimana firman -Nya Allah Ta'ala:

قال الله تعالى : ﴿ إِنْ هُوَ إِلَّا وَحْيٌ يُوحَىٰ ﴿٤﴾ ﴾ (سورة النجم : ٤)

"Ucapannya itu tiada lain hanyalah wahyu yang diwahyukan (kepadanya)". (QS an-Najm: 4).

Maka inilah agama Islam yang merupakan petunjuk yang paling besar, agama yang paling tinggi di dalam persaksianya kepada Allah Azza wa jalla pada sifat ke Esaan -Nya, dan kesempurnaan -Nya yang mutlak pada setiap sifat -Nya, demikian juga bagi Nabi -Nya dengan risalah yang di bawanya dan dengan kejujuranya.

Adapun maksud dalam goresan yang ada dalam buku dan catatan ini adalah menyalurkan ilmunya yang telah sampai kepada saya dengan menjelaskan pokok-pokok yang indah tentang agama yang agung ini. Maka saya mencoba (sedikit menjelaskan) walau pun ilmu dan pemahaman saya masih sangat jauh untuk bisa menerangkan secara rinci semua yang terkandung didalam agama ini, itu semua di karenakan kemulian yang terkandung di dalam ajaran Islam sangatlah banyak, keindahan dan kesempurnanya begitu luas untuk di sebutkan dalam sebuah buku yang ringkas seperti ini, begitu juga dalam cara menyampaikannya (mungkin juga banyak) sekali kekuranganya, apa lagi di dalam merinci setiap perkara yang ada secara detail, namun sebagaimana di katakan sesuatu yang tidak bisa di peroleh seluruhnya dan tidak bisa di capai semua tujuan utamanya, tidak sepatutnya untuk di tinggalkan, terlebih sesuatu yang telah di ketahui ilmunya, semua itu tidak bisa di jadikan alasan untuk di tinggalkan, yang di sebabkan oleh ketidak mampuannya dalam memahami, sehingga dia meninggalkannya, karena sesungguhnya Allah Azza wa jalla tidaklah membebani seseorang melainkan yang mampu di kerjakanya, Allah Ta'ala berfirman:

قال الله تعالى : ﴿ فَٱتَّقُواْ ٱللَّهَ مَا ٱسْتَطَعْتُمْ ﴾ (سورة التغابن : ١٦)

"Maka bertakwalah kamu kepada Allah menurut kesanggupanmu..". (QS ath-Thaghaabun: 16).

Dikarenakan mengetahui sebuah ilmu tentang masalah tertentu mempunyai beberapa faidah yang sangat banyak sekali, di antaranya yaitu:

- Bahwa menyibukan (diri untuk menuntut dan memahami ilmu) pada sebuah permasalahan, apa lagi seperti pembahasan seperti ini yang merupakan masalah penting dan sangat mulia untuk di ketahui adalah termasuk bagian dari amal sholeh yang paling utama. Oleh karena itu memahami dan menelaah serta merenungi apa yang terkandung di dalamnya, melalui berbagai sarana untuk bisa memahaminya adalah suatu kebaikan yang seorang hamba seharunya menyibukkan diri untuk hal tersebut, sehingga waktu yang di gunakan untuk hal tersebut akan menjadi hujah baginya di hadapan Allah Ta'ala pada hari kiamat nanti, dan bukan waktu yang akan menghakiminya.
- Bahwa seseorang ketika telah mengetahui nikmat (yang telah di perolehnya) kemudian menceritakannya pada orang lain

akan nikmat tersebut adalah bukan suatu hal yang tercela bahkan hal itu telah ada perintahnya dari Allah Ta'ala dan Rasul -Nya. Kemudian hal itu juga merupakan amalan sholeh yang sangat besar, sehingga tidak perlu di ragukan lagi bahwa menelaah dalam masalah ini, menceritakan dan bertafakur tentangnya adalah termasuk dari bagian nikmat dari nikmat-nikmat yang paling mulia, Maha Suci Allah *Shubhanahu wa ta'alla* atas seluruh makhluk -Nya. Sedangkan nikmat tersebut adalah Islam yang mana Allah *Subhanahu wa ta'ala* tidak akan menerima agama seseorang dari kalangan umat manusia selain agama Islam. Maka dalam hal ini menjadikan topik pembicaraan kita (dalam nikmat yang agung ini) adalah sebagai bentuk rasa syukur kita kepada Allah Azza wa jalla, dengan harapan agar selalu di tambah nikmat tersebut.

- Bahwa manusia, mereka saling berbeda satu sama lain dalam masalah tingkat dan kesempurnaan iman, dengan perbedaan yang sangat menonjol. Oleh karena itu ketika seorang hamba lebih paham dan tahu akan kandungan agama ini, di tambah lagi lebih kuat di dalam mengagungkanya, kemudian merasa bahagia dan senang dengannya, maka keimanan dirinya akan menjadi lebih sempurna dan lebih kuat dalam memeluk apa yang di yakininya. Oleh sebab itu sesungguhnya memahami dan mengetahui perkara ini termasuk hidayah untuk memahami pada semua pokok-pokok iman di mana hal itu merupakan salah satu pondasinya.

- Bahwa termasuk dari (bentuk) dakwah dalam mengajak orang untuk mau masuk ke agama Islam yang paling besar adalah menjelaskan apa yang terkandung di dalam agama tersebut, mulai dari keindahan yang terkandung di dalamnya dan kebaikan-kebaikan yang ada, yang pada intinya adalah agar agama Islam itu bisa di terima (oleh semua orang), terlebih lagi oleh orang yang masih mempunyia akal sehat dan fitroh yang selamat. Kalau sekiranya ada orang-orang yang turun ke medan dakwah mengajak orang memeluk agama ini di mana mereka menjelaskan hakekat sesungguhnya yang terkandung di dalam agama serta menjelaskan adanya kemaslahatan yang sangat banyak yang di kandung di dalam agama ini bagi umat manusia, maka hal itu sudah cukup mewakili, bahkan itu sudah lebih dari mencukupi, tujuannya adalah supaya manusia yang berada di luar agama ini bisa tertarik sehingga mau masuk ke dalam agama Islam.

Sehingga ketika mereka melihat begitu cocoknya agama ini bagi kemaslahatan dunia mau pun agama, belum lagi kebaikan yang sangat banyak yang nampak mau pun yang tersembunyi. Adapun adanya syubhat yang muncul tentang agama ini maka tidak di perlukan lagi adanya perselisihan untuk menjawab syubhat tersebut, yang biasanya di lontarkan oleh para penentang dan pencela agama Islam dari agama-agama yang berbeda dengan Islam. Karena apa yang di kandung di dalam Islam, sudah sanggup untuk menolak setiap kerancuan yang menghampirinya, di karenakan Islam adalah agama yang benar, belum lagi bila di tambah dengan penjabaran yang gamblang, serta penjelasan-penjelasan yang mengantarkan pada keyakinan tentu mereka akan terdiam seribu bahasa.

Oleh karena itu jika ada seseorang yang bisa mengungkapkan serta menjelaskan sebagian kecil saja dari rahasia dan hakekat yang terkandung di dalam agama ini tentu hal itu akan menjadi sebab terbesar untuk bisa di terima dan di pilihnya agama Islam dari agama-agama yang lain untuk menjadi agamanya.

Ketahuilah bahwa keindahan-keindahan yang ada di dalam agama Islam semuanya itu telah ada, baik dalam persoalan hukum mau pun dalil-dalinya, di dalam masalah pokok mau pun cabang-cabangnya, begitu juga sebagaimana yang telah di buktikan oleh ilmu yang terkandung di dalam syari'at serta hukum-hukumnya, di tambah lagi dengan kesempurnaan adanya ilmu-ilmu alam semesta dan tatanan bermasyarakat. Akan tetapi di dalam buku ini kami bukan bermaksud untuk menyebutkan itu semua serta menjelaskan dan mengoreksi satu persatu, karena hal itu tentunya akan membutuhkan penjelasan yang sangat luas. Namun yang ingin kami jelaskan dalam hal ini yaitu yang berkaitan dengan contoh yang bermanfaat, yang bisa di gunakan sebagai bukti untuk membandingkan agama Islam dengan yang lainya, dan sebagai pintu pertama bagi orang yang ingin masuk kedalamnya, maka contoh tersebut sangatlah banyak sekali, yang tersebar di dalam pokok-pokok (agama), mau pun cabang-cabangnya, baik di dalam masalah ibadah, tatanan jual beli serta hubungan antar manusia.

Maka dengan maksud yang baik ini, sembari selalu memohon pertolongan kepada Allah *Subhanahu wa ta'ala* kami berusaha menjelaskan sebisa mungkin tentang keindahan yang terkandung di dalam agama Islam, dalam keadaan berharap kepada -Nya agar senantiasa memberi petunjuk serta ilmu -Nya kepada kita, dan membukakan bagi kita pintu kebaikan dan kedermawanan -Nya sehingga bisa menjadi wasilah untuk kita di dalam menempuh perjalanan sehingga kita selalu di bimbing dan lurus di dalam berbuat dan berkata.

Agama Islam adalah agama yang di bangun di atas pokok-pokok keimanan sebagaimana yang telah di sebutkan dalam firman -Nya:

قال الله تعالى : ﴿ قُولُوٓاْ ءَامَنَّا بِٱللَّهِ وَمَآ أُنزِلَ إِلَيۡنَا وَمَآ أُنزِلَ إِلَىٰٓ إِبۡرَٰهِـۧمَ وَإِسۡمَٰعِيلَ وَإِسۡحَٰقَ وَيَعۡقُوبَ وَٱلۡأَسۡبَاطِ وَمَآ أُوتِيَ مُوسَىٰ وَعِيسَىٰ وَمَآ أُوتِيَ ٱلنَّبِيُّونَ مِن رَّبِّهِمۡ لَا نُفَرِّقُ بَيۡنَ أَحَدٖ مِّنۡهُمۡ وَنَحۡنُ لَهُۥ مُسۡلِمُونَ ﴾ (سورة البقرة : ١٣٦)

"Katakanlah (hai orang-orang yang beriman): "Kami beriman kepada Allah dan apa yang diturunkan kepada Kami, dan apa yang diturunkan kepada Ibrahim, Isma'il, Ishaq, Ya'qub dan anak cucunya, dan apa yang diberikan kepada Musa dan Isa serta apa yang diberikan kepada nabi-nabi dari Tuhannya. Kami tidak membeda-bedakan seorangpun diantara mereka dan Kami hanya tunduk dan patuh kepada -Nya". (QS al-Baqarah: 136).

Maka inilah yang di sebut dengan *ushul iman* (pokok-pokok keimanan.pent) yang merupakan pondasi yang sangat agung, yang mana Allah Ta'ala telah menyuruh para hamba -Nya untuk berpegang kuat-kuat padanya, dan dengan ushul ini pula para Nabi dan Rasul telah bersepakat di atas ajarannya, sedangkan isi yang terkandung dalam pokok-pokok tersebut merupakan ilmu yang sangat penting yang terkandung di dalamnya keyakinan serta aqidah yang sangat tinggi lagi mulia, termasuk di dalam aqidah tersebut yaitu keimanan dengan setiap apa yang Allah Ta'ala telah mensifati diri -Nya melalui lisan para Rasul -Nya, oleh karenanya menjadi kewajiban bagi kita semua untuk berusaha semaksimal mungkin mengetahui serta mengamalkan ushul iman tersebut dengan mengorbankan segala kemampuan untuk bisa mencapai keridhoan Allah *Subhanahu wa ta'ala.*

Pokok dari agama Islam adalah iman kepada Allah Azza wa jalla sedangkan buah dari keimanan tersebut adalah bersegera untuk mencari setiap hal yang bisa menjadikan dirinya di cintai dan di ridhoi oleh Allah Ta'ala tentunya dengan selalu mengikhlaskan semua yang di lakukanya hanya untuk Allah Ta'ala semata. Sekarang yang menjadi pertanyaan, apakah bisa tergambarkan ada sebuah agama yang lebih baik dari Islam, lebih mulia dan lebih utama? Mustahil untuk bisa di jumpai pada saat sekarang ini.

Agama yang telah menyuruh para pemeluknya supaya mengimani setiap yang di bawa oleh para Nabi, dengan membenarkan isi risalahnya, sembari mengenali dengan benar apa yang mereka bawa dan emban dari sisi Rabbnya, dengan tidak membedakan satu dengan yang lainya, namun meyakini dengan seyakin-yakinnya bahwasanya mereka semua adalah utusan Allah Ta'ala yang jujur, amanah dan ikhlas. Sedangkan bagi agama ini sangat mustahil sekali mempunyai ajaran yang tercela dan isinya saling kontradiksi antara yang satu dengan yang lain, di mana ajarannya di isi dengan anjuran kepada setiap kebaikan, mengenali setiap kejujuran, menetapkan kebenaran agama dengan selalu menyandarkan kepada wahyu Allah Ta'ala yang di turunkan melalui para Rasul -Nya, isi ajaranya selalu sejalan sesuai dengan akal yang sehat dan fitroh yang selamat, kebenaran yang di bawanya tidak dapat tersanggahkan sedikit pun dari sisi mana pun juga, karena Islam tidak pernah membenarkan sesuatu yang dusta, tidak pula memperbagusi sesuatu yang bathil, sehingga pantas sekali untuk kita katakan bahwa agama Islam adalah penghukum, pembeda serta penimbang bagi seluruh agama-agama yang ada.

Agama Islam juga sangat menekankan sekali bagi para pemeluknya supaya berbuat kebaikan, berakhlak dan ber budi pekerti yang baik, yang mana sangat berdampak bagi para pemeluknya untuk memperoleh kebaikan dan kenyaman yang kemudian secara otomatis akan berdampak pula bagi umat manusia secara umum, yang menganjurkan untuk berbuat adil, saling menyayangi, dan berbuat sesuatu yang mulia serta membawa kebaikan, mencela perbuatan zhalim, keji dan akhlak yang buruk. Di mana tidak ada cabang dari segala macam bentuk kebaikan yang bisa mendatangkan kesempurnaan seseorang yang telah di tetapkan oleh para Nabi dan Rasul dari umat-umat (sebelumnya) melainkan telah di tetapkan juga oleh Islam, dan tidak ada kemaslahatan yang membawa kebaikan untuk agama mau pun dunia melainkan sya'riat telah menyerunya dan menganjurkanya, dan tidak ada yang menyebabkan kerusakan melainkan telah di larangnya dan memerintahkan supaya di jauhi.

Maka maksud dari ini semua adalah bahwa *aqidah* (keyakinan.pent) yang terkandung dalam agama Isalm merupakan suatu sarana yang akan dapat mensucikan hati, membimbing jiwa untuk mencapai tingkat akhlak yang mulia dan kebajikan bagi amal anggota badan.

Syari'at Islam lainnya yang sangat agung dan besar setelah keimanan kepada Allah Ta'ala adalah perintah untuk mengerjakan sholat, mengeluarkan zakat, berpuasa ramadhan, dan menunaikan ibadah haji ke tanah suci. Perhatikan pada syari'at-syari'at yang agung ini, serta manfaat yang sangat besar yang akan di dapat, itu semua di wajibkan untuk segera di lakukan jika telah memenuhi syarat-syaratnya, untuk mendapatkan ridho Allah *Subahanahu wa ta'ala* dan meraih pahala yang telah di janjikan kepada para pelakunya, baik ganjaran yang bisa langsung di rasakan mau pun ganjaran yang di simpan untuk tabungan yang di akhirkan.

Sekarang mari kita perhatikan satu persatu dari isi dan kandungan yang ada di dalam syari'at Islam, pertama kandungan yang ada di dalam ibadah sholat, di mana di mulai dari adanya keikhlasan kepada Allah Ta'ala, bentuk merendahkan diri serta menghadap dengan khusu' dan penuh sempurna kepada -Nya, begitu pula di isi dengan dzikir, do'a, sanjungan dan pujian kepada Allah Ta'ala.

Sholat juga termasuk salah satu pohon keimanan yang kedudukannya bisa di ibaratkan bagai sebuah koreksi dari catatan keimanan dan bagaikan air yang mengairi sebuah kebun. Karena kalau sekiranya ibadah sholat tersebut tidak di ulang-ulang di dalam pelaksanaannya sehari semalam tentu pohon keimananya akan menjadi rapuh dan kering, ranting-rantingnya menjadi layu dan lemah, namun mana kala sholat di kerjakan dengan rutin, maka dengan sholat menjadikan pohon keimanan tersebut terus tumbuh dan bersemi kembali, semua itu di sebabkan dengan ibadah sholat. Kemudian lihat lebih dalam lagi pada isi yang terkandung pada sholat tersebut, seperti adanya kesibukan untuk berdzikir dan bermunajat kepada Allah Ta'ala, di mana kita ketahui bersama bahwa dzikir adalah harta karun yang lebih besar kedudukanya dari segala sesuatu, belum lagi hasil dari buah sholat tersebut bahwa sesungguhnya sholat tersebut dapat mencegah dari perbuatan keji dan mungkar bagi orang yang benar-benar mengerjakanya.

Lalu lihatlah pada kandungan yang ada dalam hukum zakat beserta isinya, seperti halnya bahwa zakat tersebut (akan melatih orang) untuk bisa berakhlak dengan akhlak yang dermawan, suka memberi, dan menjauhkan darinya sifat yang jelek.

Di mana zakat adalah sebagai bentuk rasa syukurnya kepada Allah Azza wa jalla atas karunia nikmat yang telah banyak di berikan kepadanya, di samping itu juga bahwa zakat akan menjadikan harta semakin tumbuh dan terjaga dari hilang nya barokah, baik secara kasat mata mau pun secara maknawi, demikian pula kandungan yang lainnya seperti berbuat baik kepada orang lain dan mengasihi orang-orang yang sedang terlilit masalah, serta menutupi kebutuhan orang-orang yang sedang membutuhkan. Karena sesungguhnya di dalam ibadah zakat terkandung maslahat yang sangat banyak sekali di antaranya bisa menutupi kebutuhan orang yang sedang sangat membutuhkan, di dalam zakat juga bisa sebagai pra sarana yang bisa membantu kepentingan jihad melawan musuh Islam dan kepentingan-kepentingan umum lainya yang harus di miliki oleh kaum muslimin, di dalam zakat juga bisa sebagai penangkal serta pencegah dalam mengatasi kemiskinan secara dini untuk yang terjadi di masyarakat. Sedangkan bagi orang yang mengeluarkan zakat maka itu sebagai bentuk rasa keimanan dan kepercayaan dia akan janji Allah, tentunya dengan selalu mengharap pahala yang telah di janjikan kepadanya.

Sedangkan dalam syari'at yang lainnya seperti di wajibkanya puasa maka kandungan yang tersimpan di dalamnya juga sangat banyak sekali di mana di dalam ibadah puasa terkandung rahasia yang luar biasa, seperti melatih hawa nafsunya untuk meninggalkan perkara-perkara yang haram yang di senanginya, dan di cintainya untuk sementara waktu, yang mana ia sadar ketika meninggalkan itu semua karena dalam rangka mencintai Allah Ta'ala, sebagai bentuk ibadah yang akan mendekatkan dirinya kepada -Nya, menahan hawa nafsu serta melatihnya agar mempunyai kemauan yang kuat dan rasa kesabaran.

Di dalam ibadah puasa juga sebagai bentuk penguat untuk bisa lebih ikhlas di dalam ibadahnya di mana ia lebih mengedepankan dan memenuhi apa yang di cintai oleh Allah Ta'ala dari pada kesenangan dirinya, oleh karena itu di antara salah satu kekhususan ibadah puasa adalah di jadikanya puasa itu hanya untuk Allah *Subhanahu wa ta'ala* yang mana Allah Ta'ala sendiri yang secara langsung akan memberikan pahala kepada orang-orang yang benar-benar mengerjakanya dengan mengkhususkan puasa tersebut hanya untuk diri -Nya dari seluruh amal sholeh yang lainya.

Ada pun dalam ibadah haji maka kandungan yang paling menonjol adalah di dapati adanya rela berkorban untuk mengeluarkan harta benda bagi orang yang sedang mengerjakanya, dengan menahan kesulitan dan kepayahan yang akan di jumpainya, bahkan terkadang rela menantang bahaya maut yang menghadangnya, semuanya di kerjakan dalam rangka mencari ridho Allah Azza wa jalla, datang ke hariban Allah Ta'ala dengan bermunajat di rumahNya (ka'bah musyarafah.pent) dan di bawah naungan -Nya, mengerjakan berbagai rangkain ibadah haji di tempat-tempat suci yang telah di siapkan oleh Allah Ta'ala bagi para tamu-tamu -Nya.

Di dalam rangkaian ibadah haji juga di penuhi dengan bentuk pengagungan terhadap Allah *Subhanahu wa ta'alla* serta merendahkan diri secara sempurna kepada -Nya sambil mengingat napak tilas perjalanan para Nabi dan Rasul, dan orang-orang yang telah menjadi pilihan -Nya serta orang-orang yang ikhlas di dalam ibadahnya, yang mana itu semua bisa menjadikan iman di dalam jiwa seseorang semakin bertambah dan kuat, seain itu juga akan menjadikan jiwa seseorang merasa mempunyai keterikatan dengan mereka dengan rasa cinta dan rindu yang sangat kepada mereka semua.

Dalam ibadah haji juga terkandung faidah yang lain yaitu akan menjadikan kaum muslimin bisa saling mengenal satu dengan yang lain, yang pada akhirnya akan menjadikan mereka bisa bersatu dalam satu kalimat, di mana mereka berkumpul di atas satu kepentingan, kemudian dilanjutkan dengan kepentingan yang lainya baik yang khusus mau pun yang umum, di mana hal tersebut biasanya sangat sulit untuk di lakukan sebelum adanya persiapan yang sangat matang, maka bisa di katakana bahwa ibadah haji adalah termasuk keindahan yang menawan lagi membawa kebaikan yang besar bagi agama Islam, serta ibadah yang paling banyak memberi faidah bagi orang-orang yang beriman. Itulah sedikit ringkasan dari keindahan serta kandungan yang terdapat di dalam syari'at Islam, dan ringkasan ini hanya sebagai bentuk pengingat saja.

Adapun apa yang telah di perintahkan oleh syari'at dan penekanan untuk saling bersatu dan saling menyayangi, dengan melarang dan memperingatkan (mereka) untuk tidak saling berpecah belah dan berselisih satu sama lain, maka ini merupakan sebuah pondasi yang sangat agung di mana pokok yang agung ini sebelumnya telah di bangun di atas dalil-dalil dari al-Qur'an dan Sunah yang telah sangat banyak dijelaskan di dalamnya, dan perkara ini juga bisa di ketahui oleh semua orang, bahkan sampai sekiranya orang yang sangat minim sekali pengetahuanya pun paham akan pentingnya manfaat yang besar ini (yaitu adanya persatuan umat), karena adanya efek yang besar yang akan di dapat untuk kemaslahatan agama mau pun dunia, juga sebagai bentuk benteng yang akan melindungi dan mencegah dari segala macam mara bahaya dan kerusakan. Maka tidak di ragukan lagi bahwa kekuatan yang hakiki adalah kekuatan yang di bangun di atas kebenaran, dari sinilah perputaran pokok kekuatan itu berada, sebagaimana telah di ketahui bersama dalam sejarah bagaimana keadaan kaum muslimin pada generasi pertama, awal munculnya agama Islam, di mana mereka begitu istiqomah di dalam berpegang teguh pada agama Allah, sehingga keadaan mereka di penuhi dengan kebaikan, dan bisa meraih kemulian yang sampai saat ini tidak pernah ada yang mampu menandingi mereka bahkan belum ada dari seorang pun yang bisa mencapai kedudukan seperti yang telah mereka raih, yang mana seperti kita ketahui bahwa mereka (mendapatkan itu semua) mana kala mereka berpegang teguh dengan pokok yang agung ini, bersatu di atas agama yang benar, menegakan serta mengamalkanya dengan sebenar-benarnya, mereka begitu yakin dengan keyakinan yang penuh bahwa persatuan di dalam agama adalah merupakan nyawa bagi agama itu sendiri.

Agama Islam adalah agama yang membawa rahmat, kasih sayang, barokah serta kebajikan, agama yang menganjurkan untuk mencari segala bentuk sarana yang bisa bermanfaat serta menjadi kebutuhan umat manusia, agama yang begitu luas cakupannya mulai dari membawa rahmat bagi semesta alam, mengatur cara berhubungan yang baik antar sesama insan serta mengajak mereka untuk saling berbuat kebajikan. Begitu juga melarang dari perkara yang melawan dari perbutan baik tersebut, agama Islam adalah agama yang sanggup menerangi jalan yang lurus, dengan cahaya dan sinarnya. Islam menerangi kegelapan perbuatan zalim dan keji, demikian pula menerangi bagaimana cara berinteraksi dan bermuamalah yang baik dari muamalah yang buruk serta penuh dengan dosa.

Agama yang akan memikat hati seseorang yang mana sebelumnya dia tidak mengenal sama sekali akan agama ini, yang sebelumnya dia sangat memusuhi agama ini sampai pada akhirnya dia rela bernaung di bawah kemulian Islam, agama yang sangat menyayangi dan mengasihi para penganutnya, sehingga rasa menyayangi, pemaaf, senang berbuat baik bisa menancap kuat di dalam hati mereka sehingga mampu memberikan efek dalam perkataan dan perbuatan mereka, senang memaafkan kesalahan yang ada pada musuh-musuhnya (selagi tidak bertentangan dengan syari'at) sehingga yang tadinya saling bermusuhan pada akhirnya mereka menjadi kekasih yang saling menyayangi satu sama lain. Dan di antara mereka yang berada di luar Islam ada yang masuk Islam di sebabkan indahnya penjelasan yang dia terima serta kuatnya hujah yang menghujam kepada dirinya, di antara mereka juga ada yang mengakui secara terang-terangan tentang keunggulan hukum yang di miliki oleh Islam dari pada agama yang di anutnya serta berharap agar hukum Islam tersebut bisa di terapkan pada semua negeri, di karenakan begitu jelas sikap keadilan dan kasih sayang yang ada di dalam hukum Islam.

Agama Islam adalah agama yang penuh bijaksana, agama fitroh yang sesuai dengan akal sehat, serta agama yang membawa perbaikan dan kebahagian. Maka penjelasan tentang pokok-pokok ini adalah:

Apa yang terkandung di dalam agama Islam mulai dari hukum-hukum yang pokok serta cabangnya, semuanya bisa di terima oleh fitroh serta akal sehat, sehingga pada akhirnya setelah di teliti dengan seksama maka akan didapati kebenaran serta kecocokan yang terkandung di dalamnya, itu semua tidak lain di karenakan apa yang ada didalam agama Islam yang berupa hukum serta peraturan yang di milikinya membawa keselarasan hidup, yang sesuai pada setiap tempat, waktu dan zaman.

Semua yang di beritakan oleh agama Islam adalah benar, tidak ada celah sedikit pun darinya yang bisa di dustakan, dan tidak akan pernah ada ilmu baik itu ilmu yang sudah ada di masa lampau maupaun ilmu yang akan datang yang mampu mendustakan serta mematahkan berita tersebut. Karena terbukti adanya ilmu-ilmu pengetahuan belakangan ini, semuanya itu menguatkan serta membuktikan kebenaran berita tersebut, serta menunjukan betapa besarnya petunjuk kebenaran yang di bawanya. Terbukti banyak nya para ilmuwan yang meneliti masalah tersebut yang menyatakan bahwa setiap ilmu yang bermanfaat, baik yang bersifat diin maupun dunia yang meliputi juga politik dan ekonomi serta hal lainnya telah di terangkan dalam penjelasan yang sangat gamblang dan jelas sekali di dalam al-Qur'an yang tidak ada keraguan lagi dari sisi mana pun jua. Tidak ada dalam syari'at Islam yang mengekang akal, namun sebalik nya justru akal yang jernih tersebut yang akan mengakui kejujuran, kebenaran serta kebutuhan seseorang terhadap syari'at yang di bawanya.

Begitu pula dengan perintah-perintah yang di galakkan serta larangan-larangan yang di gaungkan, semua itu jikalau di cermati niscaya membawa keadilan yang tidak mempunyai kezhaliman sedikit pun, tidak ada sebuah perintah melainkan karena membawa kebaikan yang pasti, begitu juga dalam melarang, tidak ada sebuah larangan melainkan karena adanya keburukan secara yakin yang ada di dalamnya, atau di karenakan kerusakannya akan lebih banyak dari pada kebaikan yang di hasilkan. Oleh karena itu setiap orang yang cerdas yang mau merenungi hukum-hukum yang di bawa oleh Islam maka dirinya akan semakin bertambah keimanannya dengan pokok ini atau paling tidak dia akan merasa lebih yakin bahwa itu semua di turunkan oleh Dzat yang Maha Bijaksana lagi Maha Terpuji.

Sedangkan apa yang di bawa oleh agama ini dalam masalah jihad dan menyuruh pada tiap kebaikan serta melarang dari setiap kemungkaran, maka sesungguhnya dalam perkara jihad maka yang di maksud dengan jihad adalah dalam rangka membela diri dari serangan musuh yang telah melampaui batas terhadap hak-hak yang ada dalam agama ini, begitu juga memerangi mereka di karenakan pengingkaran serta sikapnya yang terang-terangan menolak dakwah agama Islam, maka di katakan jihad dan jihad seperti tersebutlah yang merupakan jenis jihad yang paling utama.

Jihad bukanlah untuk mencari kepentingan pribadi atau kelompok, bukan juga dikarenakan sifat serakah yang ada di dalam agama ini untuk menguasai orang lain. Bukti itu nampak jelas sekali bagi siapa saja yang mau melihat kepada dalil-dalil yang ada pada pokok Islam yang agung ini. Demikian juga dengan melihat kisah perjalanan Nabi Muhammad *Shalallahu 'alaihi wa salam* dan para sahabatnya ketika mereka sedang atau setelah berhadapan bersama para musuh mereka. Maka dengan itu dapat di pastikan kalau jihad termasuk kebutuhan yang sangat mendesak sebagai bentuk pertahanan diri dari serangan musuh serta penjagaan diri dari musuh yang melampaui batas.

Demikian juga dalam masalah menyuruh orang lain kepada kebaikan dan mencegah mereka dari kemungkaran, maka ketika agama ini tidak mungkin bisa terlaksana dengan baik sesuai yang di ajarkan melainkan dengan lurusnya masyarakat yang memeluknya untuk tetap berada di atas pondasi dan syari'atnya serta mau mengerjakan perintah yang merupakan puncak di dalam kebaikan dan menjauhi larangannya yang merupakan sumber kerusakan dan kejelakan, maka dengan sebab itu semua para penganutnya di haruskan untuk berpegang pada syari'at yang agung ini. Supaya tidak terlintas di dalam pikiran mereka tipu daya setan yang sudah mengakar di pikiran orang-orang yang zalim terhadap dirinya sendiri untuk melanggar perkara-perkara yang haram atau mengurangi kewajiban yang sanggup dikerjakan dengan sempurna. Maka sudah barang tentu tidak mungkin bisa sempurna hal tersebut, melainkan adanya orang yang menyuruh dan mencegah orang-orang semacam itu dengan memperhatikan keadaan dan waktunya yang disesuaikan dengan masing-masing individu, sehingga menjadikan syiar agama tersebut merupakan amalan yang mulia bagi agama Islam dan merupakan kebutuhan yang sangat penting guna tegak dan berlangsungnya agama ini. Hal tersebut juga di pergunakan untuk meluruskan orang-orang yang telah salah jalan atau menyimpang dari aturan agama serta mencegah dan mengekang mereka untuk tidak mengerjakan perkara-perkara yang dapat menjatuhkan akal pikiran mereka dengan menuntunnya menggapai prestasi tertinggi.

Adapun ucapan orang yang menginginkan kebebasan berekspresi, sedangkan mereka masih berada di bawah hukum Islam serta terikat dengan syari'at-syari'at yang ada, maka hal tersebut merupakan bentuk kezaliman yang sangat besar lagi membahayakan, baik itu membahayakan diri mereka sendiri mau pun bagi lingkungan masyarakatnya, terlebih dalam perkara yang berkaitan dengan hak-hak dan kewajiban yang di tuntut untuk di kerjakan baik dalam pandangan syar'i, akal mau pun 'urf kebiasaan masyarakat.

Sedangkan ajaran lain yang di bawa oleh syari'at adalah membolehkannya jual beli, sewa menyewa, usaha bersama serta berbagai macam jenis perdagangan lainya yang di situ berkaitan dengan adanya alat yang diguakan untuk tukar menukar baik yang berupa uang dengan barang atau barang dengan barang, di kalangan masyarakat Islam, baik berupa barang atau hewan peliharaan atau juga berbentuk jasa dan lain sebagainya.

Dan syari'at Islam datang dengan aturan yang sangat sempurna dalam masalah ini dengan memberi keleluasaan bagi para hamba Allah *Subhanahu wa ta'alla* serta menyerahkan urusannya kepada mereka dengan rambu-rambu yang sudah sangat jelas, yang terkandung di dalamnya kemaslahatan dari segi kebutuhan primer, sekunder dan tersier. Syari'at juga memberi kelonggaran bagi mereka dengan luas yang membawa kebaikan bagi urusan serta keadaan mereka sehingga kehidupan berjalan dengan kecukupan.

Dalam masalah jual beli syari'at telah mensyaratkan adanya rasa ridho dari kedua belah pihak ketika sedang melaksanakan transaksi jual beli, termasuk dalam hal ini adalah mengetahui akad transaksi yang sedang di jalankan, serta mengetahui barang yang di jadikan transaksi, inti akad tersebut serta mengetahui syarat-syarat lainya yang berkaitan dengan transaksi tersebut. Melarang dengan keras setiap transaksi yang mengandung penipuan atau merugikan salah satu dari kedua belah pihak yang berupa semua jenis perjudian, riba dan jual beli yang mengandung unsur pembodohan.

Oleh karena itu siapa saja yang memperhatikan sistem muamalah yang di tawarkan oleh syari'at Islam maka dia akan melihat ikatan yang sangat erat dengan kemaslahatan agama dan dunia. Dan meyakini bahwa Allah Ta'ala Maha luas Kasih sayang -Nya serta sangat sempurna hikmah dari semua aturan yang di perintahkan -Nya, di mana Allah *Subhanahu wa ta'ala* membolehkan bagi para hamba -Nya semua perkara yang baik, dari mulai bagaimana mencari rizki, makanan yang sangat beragam serta minuman yang menyegarkan (semua di bolehkan). Dan semua jalan-jalan yang membawa kebaikan tersebut telah di atur sedemikian rupa sehingga membawa kemaslahatan bagi para hamba -Nya.

Sedangkan yang berkaitan dengan di bolehkanya hal-hal yang baik dari aneka ragam bentuk makanan, minuman, pakaian dan juga di bolehkanya untuk menikahi perempuan yang halal baginya , serta perkara-perkara yang lainya. Ringkasnya kalau ada sesuatu yang membawa kebaikan serta manfaat bagi umat manusia maka hal tersebut di bolehkan oleh syari'at, misalkan dari beragamnya jenis biji-bijian, tanaman, daging bintang ternak serta daging binatang laut yang mana di bolehkan secara mutlak, tidak ada yang di kecualikan dalam hal ini melainkan pada setiap perkara yang membawa kerusakan dan membahayakan baik bagi agama, akal, badan maupun harta benda.

Sehingga kita nyatakan bahwa setiap yang di perbolehkan oleh Allah Ta'ala maka hal itu menunjukan kemurahan Allah *Subhanahu wa ta'ala* kepada para hamaba -Nya serta menunjukan tentang keindahan yang di bawa oleh agama ini. Tidaklah Allah *Shubhanahu wa ta'alla* melarang sesuatu melainkan sebagai bentuk kemurahan -Nya, yang mana melarang mereka terhadap sesuatau yang bisa membahayakan jiwa dan raga mereka.

Demikian pula dalam masalah menikah di mana di bolehkan bagi seorang hamba untuk menikahi perempuan yang memikat hatinya dua atau tiga atau juga empat, karena dengan menikah akan membawa kemaslahatan dan membendung bencana bagi kedua pasangan lelaki dan perempuan, namun hal itu tidak di bolehkan bagi seseorang untuk menikahi perempuan lebih dari empat orang sekaligus, karena sudah barang tentu akan menimbulkan sikap zalim kepada salah seorang dari istrinya dan tidak mungkin untuk bisa berbuat adil terhadap mereka. Dengan tetap menganjurkan ketika merasa tidak mampu untuk menunaikan hak-haknya atau tidak sanggup untuk berbuat adil supaya menikahi seorang saja, sebagai bentuk penerapan maksud yang agung ini.

Sebagaimana menikah itu merupakan nikmat yang paling besar maka cerai juga merupakan nikmat bagi pasutri, karena cerai termasuk solusi yang di butuhkan di saat terdesak sehingga di perbolehkanya hal tersebut merupakan nikmat yang besar, karena di takutkan seseorang yang sudah tidak mungkin lagi bisa hidup bersama, tidak ada lagi keserasian untuk tetap tinggal bersama dan dipaksakan untuk tetap bersama tentu hal itu akan sangat menyakitkan dan membuat kehidupan terasa semakin sempit bahkan bisa jadi malah membahayakan salah satu dari keduanya. Allah Ta'ala berfirman:

قال الله تعالى : ﴿ وَإِن يَتَفَرَّقَا يُغْنِ ٱللَّهُ كُلًّا مِّن سَعَتِهِۦ ﴾ (سورة النساء : ١٣٠)

"Jika keduanya bercerai, Maka Allah akan memberi kecukupan kepada masing-masingnya dari limpahan karunia-Nya". (QS an-Nisaa': 130).

Adapun apa yang telah Allah *Subhanahu wa ta'alla* dan Rasul -Nya syari'atkan di antara sesama manusia dari adanya hak asasi di antara mereka maka semua membawa kebaikan, perbaikan serta keadilan dan membuang segala bentuk kezaliman. Di antara hak-hak tersebut yang telah di wajibkan serta di syari'atkan adalah haknya kedua orang tua, kepada anak-anaknya, keluarga, tetangga, teman serta pegawainya, demikian pula hak-hak bagi kedua pasangan suami-istri.

Bila itu semua di lihat maka hak-hak tersebut merupakan kebutuhan bagi setiap orang, yang pasti di setujui oleh fitroh serta akal yang sehat. Hubungan sosial menjadi kian sempurna, kebaikan serta kebutuhan akan mudah di raih, bergilir silih berganti dengan adanya saling tukar menukar satu sama lain, sesuai dengan keadaan pemilik hak serta kedudukannya di mata pemberi hak.

Sehingga tiap kali kamu merenungi masalah yang berkaitan dengan ini, maka dirimu akan menemukan ada begitu banyak kebaikan yang di hasilkan serta ada begitu banyak pintu kejelekan yang berhasil di tutupnya. Engkau juga akan menemukan di dalamnya ada keuntungan yang besar baik secara umum mau pun individu, dimana mereka saling menyayangi, hubungan yang rukun, semua itu membuktikan pada dirimu bahwa syari'at ini sudah cukup menjamin untuk bisa meraih kebahagian dunia dan akhirat. Engkau akan mendapati pula kalau hak-hak ini bisa berjalan bersama mengiringi waktu dan tempat, keadaan dan adat kebiasaan, semuanya mendatangkan kemaslahatan. Karena di dalamnya terbukti menghasilkan kehidupan yang senang bergotong royong, saling menolong dalam urusan dunia mau pun agama yang menghapus rasa individual, dan menghilangkan sikap saling bermusuhan dan pertengkaran. Ini semua di ketahui setelah adanya penelitian pada sumber hukum yang asli.

Selanjutnya ajaran lain yang di bawa oleh syari'at adalah hukum waris, dalam masalah perpindahan hak kepemilikan harta dan peninggalan harta yang di tinggalkan oleh sang mayit serta bagaimana cara pembagianya kepada ahli waris maka hal itu telah di isyaratkan dengan jelas sekali oleh Allah *Subhanahu wa ta'ala* dan hikmah di balik itu syari'at ini. Allah Ta'ala berfirman:

قال الله تعالى : ﴿ لَا تَدْرُونَ أَيُّهُمْ أَقْرَبُ لَكُمْ نَفْعًا ج ﴾ (سورة النساء : ١١)

"Kamu tidak mengetahui siapa di antara mereka yang lebih dekat (banyak) manfaatnya bagimu..". (QS an-Nisaa': 11).

Allah Ta'ala meletakkan sendiri aturan yang ada dalam hukum waris sesuai dengan ilmu -Nya dari mulai manfaat yang lebih dekat untuk bisa di dapat serta kebiasaan seseorang yang lebih senang untuk bisa mendapatkan hartanya, semuanya tidak ada yang lebih bagus dan adil kecuali dari hukum -Nya serta keutamaan yang di berikan kepada para hamba -Nya, semuanya tertata dengan rapi sehingga akal sehat pun akan mengakui tentang indahnya penataan yang di berikan oleh Allah Subhanahu wa ta'ala. Yang sekiranya kalau hal tersebut di serahkan kepada akal pikiran manusia, hawa nafsu serta kemauan mereka tentulah akan terjadi banyak sekali kekurangan yang terjadi, hilangnya rasa kepercayaan terhadap hukum yang di buatnya dan sudah barang tentu mereka akan memilih yang cocok dengan hawa nafsunya sehingga berakibat pada kekacauan di dalam masyarakat.

Pembuat syari'at dalam hal ini adalah Allah Azza wa jalla yang mana telah membolehkan bagi para hamba -Nya untuk memberi wasiat sebelum meninggal dengan sesuatu dari harta peninggalanya supaya di infakkan di jalan Allah *Shubhanahau wa ta'alla,* di gunakan dalam kebaikan dan ketakwaan sehingga pahalanya bisa terus mengalir walaupun dirinya sudah di alam kubur, dan hal itu telah di tentukan supaya mewasiatkan hartanya tidak lebih dari seperti tiganya, dan di bolehkan seperti tiga atau kurang dari itu bagi selain ahli waris, hal tersebut supaya perkaran ini tidak di manfaatkan oleh orang-orang yang sedikit akalnya serta kurang agamanya (untuk merugikan ahli waris) atau merugikan dirinya ketika sudah meninggal, yang sejatinya Allah Ta'ala menjadikan hal itu supaya ada manfaat bagi orang lain. Sedangkan kalau keadaan mereka sehat badan dan rohaninya, tidak merasa takut jatuh miskin dan bangkrut maka biasanya mereka akan selalu berusaha untuk mencegahnya agar tidak menimpa mereka.

Ajaran lain yang di bawa oleh syari'at Islamiyah adalah yang berkaitan dengan hukuman had [1], dan hukuman yang di berikan pun sangat beragam sesuai dengan jenis dan tingkat kejahatan yang di lakukan oleh para pelakunya. Ini semua karena sebuah kejahatan yang di lakukan membuktikan kalau dirinya telah berani melanggar hak-hak Allah *Shubhanahu wa ta'alla* serta hak para hamba -Nya yang merupakan kezalimaan yang

[1] . Hukuman had adalah hukuman yang telah di tetapkan oleh syari'at Islam untuk mencegah terjadinya kejahatan yang serupa. Pent.

sangat besar yang akan merusak segala aturan yang ada serta mengebiri dunia dan agama.

Sehingga Allah *Shubhanahu wa ta'alla* meletakan undang-undang yang sangat sesuai bagi para pelaku kejahatan serta aturan dalam hukuman had yang akan membuat jera para pelaku serta orang yang berkeinginan untuk melakukan hal yang sama, di samping itu juga akan meminimalkan tingkat kejahatan, karena dalam hukuman tersebut ada yang di bunuh sebagai qishos, di potong tangan atau kakinya, di dera serta berbagai macam jenis hukuman yang lainya. Itu semua kalau di tilik akan membawa banyak sekali maslahat dan manfaat bagi umat manusia, baik bagi masyarakat secara umum maupun secara individu. Sehingga mengantarkan pada akal ini untuk mengetahui betapa indahnya syari'at Islam, karena tidak mungkin sebuah kerusakan (maupun kejahatan) bisa di cegah atau di hilangkan secara sempurna sampai pada akar-akarnya kecuali dengan adanya hukum had Islam yang telah di atur sedemikian rupa sesuai dengan tingkat dan jenis kejahatan yang di lakukan, yang semuanya kembali pada banyak dan sedikit kejahatan yang di lakukan serta lemah dan kuatnya orang yang melakukanya.

Sedangkan ajaran lainya yang di bawa oleh syari'at Islam adalah melarang seseorang supaya tidak membelanjakan harta orang lain jika perbuatanya tersebut akan berdampak buruk atau merugikan, hal tersebut terjadi seperti dalam kasus membelanjakan hartanya orang gila, anak kecil, orang dungu dan orang-orang yang serupa dengannya. Demikian juga melarang orang yang meminjamkan menggunakan harta orang yang dipinjami walau pun bertujuan untuk kemaslahatnya. Ini semua menunjukan tentang keindahan syari'at Islam, di mana Islam mencegah seseorang untuk bertindak semena-mena pada hartanya yang pada asalnya dia mempunyai hak untuk menggunakanya, namun mana kala tindakan yang di lakukannya tersebut akan berdampak buruk, atau kerugian yang di peroleh lebih banyak dari pada keuntunganya, atau kejelekanya lebih besar dari kebaikannya maka Allah *Shubhanahu wa ta'alla* melarang untuk menggunkan harta tersebut, namun membimbing para hamba -Nya supaya menggunakanya pada perkara-perkara yang berdampak posotif dan tidak merugikan.

Perkara lain yang di bawa oleh ajaran Islam adalah di anjurkannya supaya menulis surat wasiat yang ditujukan bagi orang-orang yang ingin di wasiatinya, karena hal itu bisa sebagai penguat agar wasiatnya bisa terlaksana dan tersalurkan dengan baik sesuai dengan apa yang diinginkanya. Hal itu juga bisa mencegah orang lain mengingkari wasiatnya dan juga dapat menghilangkan keraguan yang timbul darinya, karena bisa saja orang lain mengira kalau wasiat tersebut di bikin-bikin oleh seseorang, sehingga dengan adanya wasiat yang ditulis maka hilang semua keraguan tersebut.

Seperti halnya dalam masalah gadai, jaminan, dan tanggungan (juga di anjurkan supaya di tulis) sehingga bila mana ada udzur yang mencegah terlaksananya hak tersebut maka sang pemilik hak bisa langsung kembali pada catatan yang telah di sepakati bersama guna menuntut haknya tersebut. Dan itu semua tidak perlu di ragukan lagi akan adanya manfaat yang begitu banyak yang bisa di peroleh dari sebab *watsiqoh* tersebut, menjaga hak-hak orang lain, transaksi bisa leluasa di laksanakan tanpa adanya kekhawatiran, mengembalikan masyarakat pada aturan yang lebih adil, bisa memperbaiki keadaan dan yang paling penting transaksi bisa berjalan dengan lurus dan benar. Karena kalau lah sekiranya tidak ada surat-surat yang di buat sebagai penguat tentu akan hilang sebagian besar sistem perdagangan yang ada. Maka pada akhirnya bisa di ambil kesimpulan bahwa *watsiqoh* sangat bermanfaat bagi pemberi kuasa dan pemilik hak dari sisi mana pun juga.

Dorongan lain yang di berikan oleh syari'at adalah menganjurkan para pemeluknya untuk bekerja dan mencari rizki dengan cara yang baik, yang mana pelakunya tidak ada maksud tertentu melainkan menginginkan pahala yang ada di sisi Allah *Shubhanahu wa ta'alla*, dan kebaikan tersebut sudah di kenal di kalangan masyarakat bahwa pekerjaan tersebut adalah baik, kemudian berdampak dari usahanya tersebut, dan hartanya bisa di peroleh kembali atau mendapat ganti yang lain dari harta tersebut. Sehingga jenis usaha semacam ini termasuk dari bagian usaha yang paling baik tanpa ada kerugian pada sang pelaku, dan hal itu bisa di laksanakan seperti dalam sistem pinjam meminjam, *ariyah* [2] dan yang lainya.

---

[2] . *Ariyah* adalah sebuah sistem jual beli dengan menukar kurma basah dengan kuram kering dengan adanya takaran tertentu akan tetapi harus memenuhi syarat-syaratnya agar tidak masuk ke dalam sistem *munabadzah* (yaitu sistem jual beli di mana penjual melemparkan barang daganganya kepada pembeli tanpa ada kesempatan bagi pembeli untuk memeriksanya, lalu setelah itu di haruskan untuk membayarnya), adapun syarat-syarat ariyah adalah:

1. Dibuat dulu taksiran harga sesuai dengan kesetaraan (antara kurma kering dengan ruthob (kurma basah).
2. Hal ini di peruntukan bagi orang yang sangat membutuhkan kurma basah
3. Orang tersebut tidak memiliki uang untuk membeli kurma basah tersebut
4. Kedua belah pihak harus melaksanakan serah terima barangnya masing-masing sebelum berpisah

Sesungguhnya dalam sistem usaha semacam itu mengandung banyak sekali maslahat, di antaranya dapat membantu orang yang sedang dalam kesulitan, menutup kebutuhan orang lain, mendapat kebaikan yang tidak terhitung lagi jumlahnya, sedangkan pemilik harta tidak pernah di rugikan sama sekali karena hartanya akan kembali utuh, belum lagi dia bisa mengambil faidah dari Rabbnya dengan pahala yang sangat besar, dan menabur benih kecintaan kepada saudaranya, serta dampak positif lainnya yang penuh dengan kebaikan, barokah dan lapang dada, serta tercapainya rasa kasih sayang di antara sesama. Adapun masalah murni berbuat kebaikan kepada orang lain tanpa pamrih maka telah dijelasan saat pembahasan hikmah di syari'atkannya zakat dan shodaqoh.

Adapun ushul serta kaidah yang di gunakan oleh syari'at di dalam mendamaikan antara dua orang yang sedang berseteru, memberi solusi pada problemtika yang ada, serta memberi keputusan pada salah satu dari dua orang yang saling mengaku mempunyai hak, maka sesungguhnya ushul tersebut di bangun di atas keadilan dan bukti yang kuat, sesuai dengan adat dan fitroh. Di mana mengharuskan bagi orang yang mengaku sesuatu atau

---

5. Ukuranya tidak boleh lebih dari lima wasaq. Lihat kitab *Taisir alam syarh umdatul ahkam* 2/33.

mengaku mempunyai hak supaya mendatangkan bukti yang kuat, maka jika dirinya mampu mendatangkan bukti yang bisa menguatkan serta membenarkan pengakuanya maka di tetapkan hak tersebut menjadi miliknya, namun jika dirinya tidak sanggup untuk mendatangkan bukti yang kuat hanya sekedar klaim saja maka dia di minta untuk bersumpah bahwa sangkaanya tersebut adalah benar sedangkan haknya bisa menjadi miliknya.

Allah *Shubhanahu wa ta'alla* menjadikan bukti-bukti sesuai dengan kasus dalam sebuah perkara dan menjadikan pendukung lainya yang bisa menjadi bukti serta adat kebiasaan yang biasa terjadi di kalangan masyarakat sebagai bukti.

Dari situ maka bisa di simpulkan bahwa *bayinah* adalah nama yang mencakup pada setiap hal yang bisa menjadi bukti pada sebuah kasus perkara, untuk menunjukan pada kebenaran tersebut di dalam pengakuanya.

Allah *Shubhanahu wa ta'alla* juga menjadikan mana kala perkaranya samar/belum jelas dan kedua orang yang berseteru masing-masing mempunyai bukti yang kuat, maka untuk menempuh cara mendamaikan dengan adil di antara keduanya, semua itu menunjukan tentang keadilan serta keserasian di mana pada setiap kasus selalu ada jalan untuk bisa memutuskan perselisihan yang terjadi dan solusi pada problematika yang ada.

Maka tiap cara yang tidak ada kezaliman di dalamnya tidak pula mengantarkan seorang hamba untuk berbuat maksiat kepada Allah *Shubhanahu wa ta'alla*, sedangkan cara tersebut benar dapat bermanfaat pada mereka, maka syari'at sangat menganjurkan untuk menempuh cara tersebut sebagai sarana untuk mendamaikan serta memutuskan perselisihan yang sedang terjadi. Dan hukum ini sama kedudukannya bagi orang yang kuat atau pun yang lemah, pemimpin mau pun bawahan, dalam semua hak-hak yang ada dan persengketaan, semua di putuskan dengan menempuh cara yang adil dan tidak pilih kasih.

Perintah lain yang di perintahkan oleh syari'at adalah supaya berembug dalam permasalahan yang sedang di hadapi serta pujian kepada orang-orang yang beriman, bahwa mereka di perintahkan agar bermusyawarah pada setiap perkara yang sedang di hadapi baik dalam perkara agama, dunia, hubungan dalam negeri mau pun luar negeri. Sehingga hal ini menjadi pondasi yang sangat kuat di mana orang yang cerdas pun menganggap baik untuk di terapkan pada setiap urusan, yang mana musyawarah salah satu sebab untuk bisa menyatukan pendapat dalam berbagai macam kondisi serta sarana yang sangat bagus untuk bisa mencapai kebenaran dan kata mufakat, lebih adil, dan keuntungan lain menunjukan bahwasanya umat yang mau menerapkan dan mencanangkannya akan memperoleh kemajuan pada setiap segi di tambah lagi tercapainya perbaikan dan kebaikan pada lingkungan masyarakatnya.

Ketika ilmu pengetahuan semakin berkembang pada sebuah bangsa serta orang-orangnya semakin luas cara berfikirnya, maka mereka akan setuju sekali akan pentingnya sebuah musyawarah dan mengetahui kedudukan musyawarah pada sebuah lingkungan.

Mana kala kaum muslimin pada generasi pertama umat ini mau menerapkan pokok yang agung ini, yang mana mereka melakukan musyawarah pada tiap urusan, dalam permasalahan yang besar mau pun yang kecil, dalam masalah keagamaan mau pun keduniaan, maka urusan yang mereka hadapi pun berjalan mulus, terus di tunjang dengan kondisi yang semakin bertambah maju, namun mana kala sedikit demi sedikit kaum muslimin mulai meninggalkan pokok yang agung ini maka yang terjadi mereka ketinggalan dari umat yang lain dari segi kemajuan dunia mau pun agama, sebagaimana yang kita saksikan sekarang ini, kalau sekiranya mereka mau kembali lagi kepada agama mereka, khususnya pada pokok masalah ini serta pokok-pokok yang lainnya tentulah mereka akan beruntung dan berhasil meraih kejayaan umat kembali.

Sesungguhnya syari'at ini datang untuk memperbaiki kehidupan dunia dan agama, menyatukan antara kebaikan jasad dan rohani, dan pokok ajaran semacam ini sangat banyak sekali bertebaran di dalam al-Qur'an dan Sunah Nabi Muhammad *shalallahu 'alaihi wa salam,* Allah *Shubhanahu wa ta'alla* dan Rasul –Nya, yang juga sangat menekankan sekali untuk mengamalkan kedua pegangan tersebut, bahwa salah satu dari keduanya saling memiliki keterkaitan yang tidak mungkin bisa terpisahkan.

Dalam kesempatan lain, tujuan Allah subhanahu wa ta'ala menciptakan makhluk -Nya tidak lain adalah agar mereka beribadah kepada -Nya semata dan mau mengerjakan hak yang menjadi kewajiban mereka kepada -Nya, di samping itu Allah *Shubhanahu wa ta'alla* juga yang menjamin serta mengurusi pembagian rizki di antara mereka, membuat sarana dan sebab yang sangat beragam untuk bisa memperoleh rizki tersebut sebagai bekal guna mengarungi kehidupan dunia, itu semua tidak lain bertujuan agar mereka mau menggunakan rizki yang mereka dapat untuk beribadah kepada -Nya semata, dan sebagai penopang kehidupan rohani dan jasmaninya. Allah *Shubhanahu wa ta'alla* tidak pernah menyuruh hamba -Nya agar lebih mengutamakan makanan rohaninya dan membiarkan jasmaninya kelaparan, sebagaimana Allah *Shubhanahu wa ta'alla* juga melarang untuk menyibukan diri pada kelezatan dan syahwat dunia namun melalaikan kemaslahatan rohani dan jiwanya. Hal ini akan lebih jelas lagi dalam penjabaran pondasi syari'at agama berikut ini, diantaranya yaitu:

- Bahwa syari'at telah menjadikan antara ilmu, agama, dan kekuasaan serta hukum saling menopang satu dengan lainnya sehingga bisa menjadi satu kesatuan yang sangat kokoh.
- Ilmu dan agama akan mengantarkan pada sebuah kekuasaan yang di bangun di atas hukum dan adanya pemimpin, sedangkan seluruh kekuasaan (dari mulai sistem, tatanan negara, aturan serta yang lainya) terikat dengan adanya ilmu dan agama yang tidak mungkin bisa terpisah darinya, karena itulah hikmah dan jalan yang lurus, penyebab sebuah negeri menjadi kondusif, tentram dan berhasil dalam menata masyarakatnya, di mana ketika agama dan kekuasaan berjalan bersama saling menyumbang, menopang dan

menyatukan maka semua perkaranya akan menjadi semakin baik serta keadaanya menjadi lurus, namun mana kala agama dan kekuasaan di pisahkan maka yang terjadi adalah kerusakan hukum, hilangnya perbaikan dan kebaikan, munculnya perpecahan, hati menjadi semakin jauh, saling berpencar, sulit untuk di satukan, yang pada akhirnya menjadi penyebab kemerosotan serta kemunduruan pada masyarakat serta lingkungan.

- Yang menguatkan hal ini adalah bahwa ilmu seberapa pun luasnya, ilmu pengetahuan betapa pun banyaknya, serta kemajuan betapa pun cepat melaju, maka semuanya tidak ada sedikitpun yang keluar dari ilmu yang ada di dalam al-Qur'an, dan tidak pernah ada yang saling kontradiksi dengan isi syari'at.

Syari'at tidak datang untuk mengekang akal akan tetapi syari'at datang dengan sesuatu yang di persaksikan oleh akal sehat akan keindahanya, atau mustahil syari'at datang dengan sesuatu yang tidak bisa memberi hidayah kepada akal untuk dapat memahami syari'at baik secara keseluruhan mau pun secara terperinci.

Dan hal ini perlu penjelasan serta contoh yang lainnya, yaitu, bahwa syari'at tidak datang untuk mengekang akal tidak pula untuk menabrakan akal sehat dengan ilmu yang benar. Dan ini merupakan dalil yang sangat besar bahwa apa yang datang dari sisi Allah *Shubhanahu wa ta'alla* itu jelas, menyakinkan dan cocok untuk di terapkan pada setiap tempat dan waktu.

Dan pembahasan yang ringkas ini bisa di ketahui secara lebih luas dan rinci dengan meneliti serta memperhatikan semua kejadian alam serta kejadian-kejadian baru yang ada pada ilmu pengetahuan di sekitar kita, penerapannya jika tersingkap penemuan baru yang sesuai dengan apa yang di bawa oleh syari'at maka dengan itu akan di ketahui bahwa syari'at adalah penimbang bagi segala sesuatu yang tidak ada perkara yang kecil mau pun yang besar melainkan telah tercatat di dalamnya.

Adapun pandangan umum tentang penaklukan Islam pada negeri-negeri lain yang sangat luas dan cepat, di mana Islam kemudian mampu menguasai secara hormat walau pun harus terus berhadapan dengan musuh, perjuangan yang tidak kenal lelah serta sikap yang di miliki Islam terhadap mereka, yang jelas bisa di ketahui oleh siapa saja, karena siapa saja yang memperhatikan sumber agama ini, di mana sanggup menyatukan negeri-negeri arab yang saling berselisih dan banyaknya peperangan yang terjadi di antara mereka belum lagi perselisihan yang ada dalam hati mereka, bagaimana mungkin Islam sanggup menyatukan mereka semua, meninggalkan sifat yang buruk kemudian meraih sifat yang indah di atas satu tujuan, permusuhan yang sudah terjadi turun temurun hilang begitu saja, yang kemudian di ganti dengan ukhuwah islamiyah yang saling menyayangi.

Kemudian tidak hanya cukup sampai di situ, mereka kemudian menyebar ke seluruh penjuru dunia untuk menaklukan negeri-negeri kafir satu demi satu untuk menyebarkan agama ini, sebagai pembuka dari negeri tersebut adalah Negara Romawi dan Persia yang merupakan negeri adidaya pada saat itu, yang sangat luas kekuasaanya, dan sangat kuat pertahananya serta sangat banyak jumlah pasukan yang di milikinya, dengan keutamaan agama ini, dan kekuatan iman yang mereka miliki serta dengan pertolongan Allah *Shubhanahu wa ta'alla* mereka sanggup menaklukan dua negeri adidaya tersebut beserta negeri-negeri kecil yang mengekor di belakanganya, sehingga sampailah agama Islam di penghujung timur dan barat di belahan dunia ini, maka hal ini terhitung sebagai ayat dari ayat-ayat Allah *Shubhanahu wa ta'alla*, sebagai bukti akan kebenaran agama -Nya serta sebagai mukjizat bagi nabi -Nya yang mulia. Selanjutnya umat manusia dengan senang hati masuk ke dalam agama ini, berduyun-duyun tanpa ada lagi pemaksaan serta hunusan pedang di pundak-pundak mereka.

Adapun bagi siapa yang melihat ajaran Islam ini secara rinci maka dia akan mengetahui bahwa agama ini benar-benar agama yang haq, yang tidak di tunggangi oleh kebatilan, seberapa besar pun tekanan yang mengelilinginya. Hal ini bisa di ketahui oleh orang yang masih memiliki akal sehat, adil dalam menilai, yang tidak ada lagi keraguan didalamnya.

Pada kenyataannya agama Islam merupakan kebutuhan yang sangat mendesak (bagi semua orang), namun berbeda lagi dengan ucapan yang di lontarkan oleh sekelompok orang dari para penulis zaman ini yang tujuan utamanya hanya mendewakan akal pikiran guna membantu musuh-musuh Islam, di mana mereka menyangka bahwa penyebaran Islam serta penaklukan demi penaklukan yang luar biasa tersebut, murni di bangun di atas tujuan mencari kepentingan dunia saja, pengamatan yang tidak memiliki alasan kuat dan data yang akurat serta di bangun di atas kesalahan. Masih dengan pengamatan mereka yang konyol yang menyatakan bahwa pada saat itu negeri Kisra dan negeri Romawi sedang di landa krisis, yang menjadikan lemah kekuatan mereka, terus di tunjang dengan kekayaan dan kekuatan ekonomi yang di miliki oleh bangsa Arab pada saat itu sehingga mereka mampu menaklukan dua negara besar tersebut.

Maka kami katakan bahwa sekedar gambaran yang rapuh ini sudah sanggup membantah kebohongannya, kekuatan apa yang di miliki oleh bangsa Arab pada saat itu sehingga mampu menahan serangan musuh, tidak ada, walaupun yang menyerang negeri kecil, mereka tidak mempunyai kekuatan apa-apa, apa lagi menahan negara besar yang merupakan negara adikuasa pada saat itu, negara paling kuat di dalam militernya dan paling luas wilayah kekuasaanya. Namun kaum muslimin sanggup menguasai mereka dan mengganti hukum-hukum bikinan raja-raja mereka yang sombong dengan hukum al-Qur'an dan dengan agama yang adil ini, agama yang bisa di terima oleh setiap orang yang menginginkan kebenaran.

Apakah dengan ini masih ada celah untuk mengatakan bahwa penaklukan yang terus menyebar di seluruh negeri tersebut di karenakan oleh sebab kekuatan ekonomi murni yang di miliki bangsa Arab, lebih khsusus kaum muslimin pada saat itu? Tidak ada orang yang berani lancang untuk mengatakan hal ini tanpa bukti melainkan orang yang ingin mencela agama Islam atau orang yang terpukau dengan ucapan-ucapan yang di lontarkan oleh musuh-musuh Islam yang tidak mengetahui kenyataan yang sesungguhnya.

Kemudian bukti lain, langgengnya agama ini dengan begitu banyaknya rencana licik dan siasat busuk dari musuh-musuh Islam untuk menghapus agama ini dari muka bumi langsung dari akarnya, juga sebagai bukti dari bukti-bukti nyata yang menunjukan bahwa agama ini adalah agama Allah *Shubhanahu wa ta'alla* yang benar. Kalau sekiranya Allah Ta'ala menghendaki untuk menolong agama -Nya maka tidak akan ada kekuatan manapun juga yang sanggup untuk mengalahkannya, tidak pula ahli perang yang sanggup mengalahkan Allah *Subhanahu wa ta'ala,* sehingga pada akhirnya tidak ada agama yang benar yang tersisa di muka bumi ini melainkan agama Allah *Shubhanahu wa ta'alla*, agama yang dapat di terima oleh seluruh bangsa tanpa ada paksaan dan interpasi. Itu semua karena agama ini mengandung kebenaran, agama yang benar yang selaras dengan fitroh manusia, agama yang membangun dan membawa kebaikan, akan tetapi di sebabkan kurang perhatian dari para penganutnya, yang lemah, dan saling berpecah belah serta tekanan dari musuh-musuh Islam yang menghadang kemajuan Islam sehingga keadaannya menjadi seperti sekarang ini, *laa haula wa la quwata ilaa billah.*

Agama Islam adalah agama yang di bangun di atas aqidah yang benar, yang membawa manfaat, agama yang di bangun di atas akhlak budi pekerti yang baik, yang dapat menyerap ke dalam jiwa dan pikiran, agama yang di bangun di atas amal kebajikan pada setiap keadaan, agama yang di bangun di atas dalil pada pokok-pokok dan cabang-cabangnya, agama yang memerangi bentuk penyembahan berhala dan patung, mencegah penganutnya supaya tidak menggantungkan urusannya kepada makhluk selain Allah *Shubhanahu wa ta'alla*, menyuruh mereka untuk mengikhlaskan agama hanya untuk Allah *Shubhanahu wa ta'alla* Rabb semesta alam, agama yang memerangi khurafat dan takhayul yang tidak bisa di lihat oleh indera mata dan membingungkan bagi akal pikiran, agama yang mengajak perbaikan secara mutlak, serta membentengi diri dari segala keburukan dan kerusakan, agama yang di bangun di atas keadilan guna menyelamatkan orang yang di zalimi dengan berbagai wasilah, serta agama yang di bangun di atas semangat untuk hidup modern dan maju dari segala sisi kehidupan.

Kalau mau di bicarakan semua tentu akan sangat panjang sekali penjelasanya, namun bagi setiap orang yang sedikit saja telah paham maka dia akan mendapat petunjuk untuk bisa memahami secara lebih rinci dan lebih jelas sehingga dapat menghilangkan uneg-uneg yang ada di dalam pikiranya.

Oleh karena itu kami merasa cukupkan sampai di sini pembahasan tentang masalah ini secara ringkas, yang kami anggap sudah cukup mewakili, di mana di dalamnya sudah mengandung berbagai penjelasan baik dalam masalah pondasi agama ini mau pun pokok-pokoknya, yang semuanya bisa mengantarkan untuk dapat memahami bahwa Islam adalah agama yang sempurna, agama besar, yang mengajak pada perbaikan secara nyata dalam segala aspek kehidupan. *Wa billahi taufiq*.

Telah selesai tulisan ini pada siang hari di bulan Jumadil ula tahun 1364 H, semoga shalawat serta salam selalu tercurah kepada Nabi kita Muhammad *Shalallahu'alaihi wa sallam* dan keluarga beliau.

CPSIA information can be obtained
at www.ICGtesting.com
Printed in the USA
LVHW080552280223
740519LV00015B/342